Wetterleuchten

Chris Katholi

Wetterleuchten
Gedichte und Gedanken

Bibliografische Information der Deutschen Bibliothek:
Die Deutsche Bibliothek verzeichnet diese Publikation in der
Deutschen Nationalbibliografie; detaillierte bibliografische
Daten sind im Internet über http://dnb.ddb.de abrufbar.

Vorwort

Lyrik ist die hohe Kunst des Schreibens
und ein einzigartiges Juwel;
Denn sie ist die Freiheit der Gedanken,
die Offenbarung aller Gefühle und der
Ursprung aller tiefsten inneren Empfindungen der Seele.

Balsam

So ein warmherziger,
lieber Mensch wie du,
der so viel Fröhlichkeit,
Güte und Wärme ausstrahlt.

So ein Mensch
ist der bunte Regenbogen im Frühling,
ist der kühle Schatten im Sommer,
ist der Sonnenaufgang im Herbst,
ist die Sonne an einem kalten Wintertag;

oder ganz einfach:

Balsam für meine Seele.

Die wahre Größe

Die wahre Größe eines Menschen liegt in der Kraft
seine Schwächen zu besiegen,
seine Stärken zu vervollkommnen,
sich seinem Ideal stetig zu nähern,
ohne sich selbst zu verleugnen.

Gefühle

Bizarre Wolkenbänke ziehen träge übers Tal,
perlender Tau glitzert auf Bäumen und Gräsern.
Zart bis dunkelgrün schimmern Wiesen und Wälder.
Langsam bricht die Sonne durch die Wolken,
Vögel zwitschern im nahen Geäst
und eine Rose öffnet behutsam ihre Knospen.

Ich betrachte es in aller Stille
und nehme es in mir auf.
Ein wunderbares Gefühl des Friedens, der Geborgenheit
und des Glücks durchströmen mich.
Dieselben Gefühle, als wenn ich an dich denke.

Welch ein Abend voller Glück

Ein gemütliches Nachtlokal,
gedämpftes Licht und moderne leise Musik.
Alles ist in schwarz-weiß eingerichtet.
Schwarze Holztische, -stühle und -bänke,
darauf verstreut verträumt gemusterte Polsterkissen.
Eine warme wohltuende Atmosphäre,
die einlädt zum Träumen.
Ich sitze wie meistens auf der Bank ziemlich in der Ecke.
Meine Hand liegt auf dem Tisch,
meine Gedanken ziehen träumend davon.
Ganz zart legst du deine Hand auf meine,
ich spüre deine Wärme und Nähe.
Ich erwidere den Druck deiner Hand,
schaue dich an und streiche dir sanft übers Gesicht.
Wir sprechen beide kein Wort
und wissen dennoch, daß jeder den anderen versteht.
Wir sind sehr gute Freunde,
nicht mehr, aber auch nicht weniger.

Welch ein Abend voller Glück.

Was weißt du, was weiß ich?

Du weißt:
Daß Alexander Solschenizyn ein sowjetischer Schriftsteller ist.
Daß Gustav Heinemann von 1969 bis 1974 unser
    Bundespräsident war.
Daß Sokrates ein griechischer Philosoph war.
Daß Marie Curie eine französische Chemikerin und
    Physikerin war.

Du weißt das.
Ich weiß das auch.
Aber ich weiß noch mehr.
Daß du für mich einen einfachen Namen trägst.

Ich nenne dich »Freund«.

Freundschaft

Manchmal verletzt du mich:
mit dem was du sagst,
mit dem was du tust,
mit dem was du denkst,
mit dem was du fühlst.

Manchmal verletzt du mich:
mit dem was du nicht sagst,
mit dem was du nicht tust,
mit dem was du nicht denkst,
mit dem was du nicht fühlst.

Aber immer bin ich berührt:
von dem was du sagst,
von dem was du tust,
von dem was du denkst,
von dem was du fühlst.

Und erst wenn mich von dir
nichts mehr berührt oder verletzt;
erst dann weiß ich,
daß unsere Freundschaft nicht mehr besteht.

Die Saat

Sei du der Wind,
>   der sanft übers Saatgut streicht;
Sei du die Sonne,
>   die es warm bescheint;
Sei du der Regen,
>   der es nährt;
Sei du die Erde,
>   die es wärmt;
Und dann
>   laß mich dein Saatgut sein;
Denn dann wirst du sehen,
>   wie die Saat keimt – aufgeht – und trägt;
im Namen der Liebe.

Leben

Ich liebe die leuchtenden Blumen,
denn sie sind meine Freunde.
Ich liebe die streichelnde, wärmende Sonne,
denn sie erhält mich am Leben.
Ich liebe den kühlen, schattigen Wald,
denn er ist mein Verbündeter.
Ich liebe das rauschende Meer,
das meine Sprache spricht.
Ich liebe die immerwährende Natur,
denn sie ist meine Seele.
Ich liebe die Wüste, die unendliche Weite,
denn sie ist meine Freiheit.

Zu neuen Ufern

Wer nicht erkennt, daß alles,
aber auch alles im Leben einen tieferen Sinn hat;
um uns gegebenfalls »Zu neuen Ufern« zu treiben,
um uns zu stärken,
um uns zu vervollkommnen,
oder gar um unsere Richtung zu ändern,
der hadert mit seinem Schicksal.
Wer mit seinem Schicksal hadert,
wird verbittert, hart, kalt und ungerecht.
Wer verbittert, hart, kalt und ungerecht wird,
verliert Freunde.
Wer Freunde verliert, wird einsam.

Spätestens dann sollte er erkennen,
daß Menschen, die sich mutig ihrem Schicksal beugen,
am aufrechtesten gehen!

Nichts ist für die Ewigkeit

Es gibt nichts, aber auch gar nichts Beständiges.
Alles, aber auch alles ist in ständiger Bewegung.
Wir können uns an nichts festhalten.
Weder an der Liebe, noch an unseren Gefühlen.
Denn alles, aber auch alles ist vergänglich.
Das einzige, was uns gewiß ist, ist der Tod.
Der Tod ist fester Bestandteil eines jeden Lebens
und somit Anfang und Ende.
Denn nur was stirbt kann wiedergeboren werden und
nur was vergeht kann neu erblühen.

Und nur wer erkennt, daß der Tod neues Leben birgt,
ist wirklich weise.

Schade

Schade, daß du nicht weißt,
wie einzigartig du bist.

Schade, daß du nicht weißt,
wie tiefgründig deine Seele ist.

Schade, daß du nicht weißt,
wie scharf dein Verstand ist.

Schade, daß du nicht weißt,
wie gut und hilfreich du bist.

Schade, daß du nicht weißt,
wie wertvoll du für andere bist.

Schade, daß du nicht weißt,
daß du was ganz Besonderes bist.

Auszug aus einer Rede von Martin Luther King

»I have a Dream«

»Ich habe einen Traum, daß sich eines Tages diese Nation erheben und die wahre Bedeutung ihres Bekenntnisses ausleben wird. Für uns soll als selbstverständlich gelten: Alle Menschen wurden als gleich erschaffen.
Ich habe einen Traum, daß meine vier kleinen Kinder eines Tages in einer Nation leben werden, in der man sie nicht nach der Hautfarbe, sondern allein nach ihrem Charakter beurteilen wird.
Ich habe heute einen Traum.«

Die inneren Werte

Ich brauche kein Haus,
denn mein Herz ist meine Festung.
Ich brauche keine Firma,
denn mein Geist ist mein Kapital.
Ich brauche keine festlichen Kleider,
denn meine Seele ist meine Schönheit.
Ich brauche keine Reichtümer,
denn die inneren Werte sind das, was zählt.

Sie zu vervollkommnen sollte unser Ziel sein,
denn gefühlskalte, egoistische und inhaltslose Menschen
leben auf dieser unserer Erde schon genug.

Ein jeder weitere wäre schon zuviel.

Mensch sein

Die Welt ist so kalt,
jeder kümmert sich nur noch um sich.
Ellenbogengesellschaft, Mobbing und Intrigen;
Die einzige Frage, die noch zählt:
Wo, bleibe ich?
Nur noch ich, ich, ich!
Doch du bist ganz anders;
Ich spüre es.
Mensch sein,
fragen »wie geht es dir?«
Anteil nehmen, spüren, fühlen und verstehen.
Wenn ich dich umarme,
weiß ich, daß unsere Welt noch nicht ganz verloren ist.
Denn in dir spiegelt sich wahre Menschlichkeit und
unendliche Wärme.

Polarität

Ich bin das Leben, das Licht und die Dunkelheit.
Ich bin der Freund und bin der Feind.
Ich bin der Krieg und bin der Frieden.
Ich bin die Freude und das Leid.
Ich bin der Hass, doch auch die Liebe.
Ich bin die Trauer und das Glück.
Ich bin die Wahrheit und die Lüge.
Ich bin die Ebbe und die Flut.
Ich bin die Sanftmut und die Wut.
Ich bin die Hoffnung und die Verzweiflung.
Ich bin der Angriff und die Verteidigung.
Ich bin die Sonne und der Mond.
Ich bin das Leben und der Tod.
Ich bin das Leben, das Licht und die Dunkelheit.

Das langsame Sterben

Am Horizont ziehen Aasgeier ihre Kreise,
Blumen senken ihre Köpfe
und Vögel unterbrechen ihr Lied.
Leute bleiben angewidert stehen,
wenden sich ab
und gehen, ohne ihre Köpfe zu heben, schnell weiter.

Was ist?
Was für ein schlimmer Anblick kann das sein?

Ach, es ist nichts.
Nur ein einsamer, verlassener Mensch!

Im Jahre 1993 teilten sich Nelson Mandela und Staatspräsident F. W. de Klerk den Friedensnobelpreis.

Am 9. Mai 1994 wurde Nelson Mandela vom neuen Parlament zum ersten schwarzen Präsidenten Südafrikas gewählt.

Als neues Staatsoberhaupt von Südafrika leitete Nelson Mandela die Umgestaltung des Staates und der Gesellschaft weg von der Apartheid und der Minderheitenherrschaft hin zu mehr Gleichheit, Freiheit, Gerechtigkeit und zur nationalen und internationalen Versöhnung.

Schach matt

Schwarze Straßenkids gegen weiße Kinder;
Dreckige Slums gegen helle Villenviertel;
Leben bis zur Armutsgrenze gegen Wohlstand ohne Ende;
Dunkle Hinterhöfe gegen sonnengetränkte Gärten;
Schwarze Minderheiten gegen die weiße Mehrheit;
Diskriminierende Einsamkeit gegen Jet-Set-Partys;
Verzweiflung gegen Teilnahmslosigkeit;
Drogen und Alkohol gegen Kaviar und Sekt;
Foltertote gegen die Polizeimafia;
Schwarze Sklaven gegen weiße Unterdrücker;
Welch eine Materialschlacht ohnegleichen;
Doch wer gewinnt, steht vorher schon fest.
Schwarz beginnt – Weiß gewinnt:
Doch dies ist kein Spiel,
es ist einer der grausamsten Bürgerkriege dieser Welt;
Doch irgendwann wird es heißen:

Apartheid – Schach matt!

Verzeih

Wie oft heimlich gedacht,
doch nie zu sagen gewagt.
Verzeih.
Es ist dein Stolz,
der Unrecht in vermeintliches Recht verwandelt.
Ich bin, wie ich bin,
nimm mich so, wie ich bin
oder laß es bleiben.
Du denkst so und meinst du hast Recht.
Doch ich sage dir,
dein Denken ist schlecht.
Es ist das Denken der Diktatoren,
der Kriege, der Folter und der Grausamkeit.
Es ist das Denken der Rassisten,
der Apartheid und der Menschenfeindlichkeit.
Es ist das Denken der Egoisten,
der Kälte und der Berechnung.
Jemanden um Verzeihung zu bitten,
ist nicht Ausdruck von Schwäche,
sondern von innerer Größe.
Denn Fehler machen wir alle,
aber nur wenige stehen dazu.
Wenn jeder einzelne von uns
dies erkennen und danach handeln würde,
wäre Friede in unserer Welt kein Fremdwort.

Mobbing

Hey, du Mob,
warum mobbst du mich?
Was hab ich dir getan?
Was hast du gegen mich?

Ich liebte meine Arbeit und ich machte sie gut;
Ich war mit meinem Leben zufrieden – doch dann kamst du.
Warum tust du mir das an?
Warum intrigierst du gegen mich?
Was hab ich dir getan und warum haßt du mich?

Ist es Neid, Eifersucht oder Karrierestreben?
Wenn ja, was bringt es dir ein?
Wenn du mich aus der Firma gemobbt hast,
wird es dann für dich einfacher sein?

Ich zermürbe mir mein Gehirn, aber ich begreife dich nicht.
Wodurch wird man so – so wie du bist?
Deine Kälte verschlägt mir die Sprache,
deine Aggressivität läßt mich schaudern
und deine Handlungsweise läßt mich erstarren.

Hey, du Mob,
warum mobbst du mich?
Was hab ich dir getan?
Was hast du gegen mich?

Ich hab mein Lachen verloren, meine ganze Zuversicht:
Irgendwo zwischen deinen gemeinen Intrigen
verlor ich sogar mein Selbst.
Mein Selbstvertrauen, ja sogar meine Selbstachtung.
Geblieben sind morgendliches Erbrechen
und Angst vor jedem neuen Arbeitstag.

Aber ich werde nicht zulassen,
dass du mich endgültig zerstörst;
obwohl du es fast schon geschafft hast.
Ich werde mich wehren ab jetzt,
um meiner selbst willen.

Und irgendwann werde ich Mitleid haben mit dir,
weil du den Sinn des wahren Lebens noch nicht begreifst;
und irgendwann werde ich deiner gedenken,
weil ich wachsen und reifen konnte durch dich.

Aber immer werde ich erschreckt sein
von der Art und Weise wie du mit mir umgegangen bist.

Zeit

Nur wenn du inne hältst
und in dich gehst,
bleibt die Zeit stehen,
verbündet sich mit dir;
wird eins mit dir
und du erlebst die Ewigkeit der Zeit.

Lebensphilosophie

Gottes Lebensphilosophie
heißt nicht,
daß du alles bekommst, was du dir wünschst.
Sondern vielmehr,
daß du alles bekommst, was du brauchst,
um zu wachsen und zu reifen,
so schmerzlich es für dich auch sei.

Nachwort

Im idyllischen Maintal am Rande des Spessarts, umgeben von Wäldern und steilen Weinbergsterrassen, liegt malerisch gelegen Klingenberg a. Main. Dort im Jahre 1961 geboren und aufgewachsen, fragte sie schon sehr früh nach dem Sinn des Lebens.

Warum sind wir auf der Welt, was ist unsere Aufgabe, gibt es ein Leben nach dem Tod, was ist Schicksal oder Karma, gibt es Gott, und wenn ja, warum läßt er soviel Leid und Ungerechtigkeit auf der Welt zu?

Auf ihrer Suche nach Antworten beschäftigte sie sich mit den großen Weltreligionen genauso wie mit den Glaubensgrundsätzen kleinerer Glaubensgemeinschaften.
Sie setzte sich mit der Apartheid in Südafrika, der Rassentrennung und dem Rassismus, den Bürgerkriegen, mit Folter und den Menschenrechtsverletzungen im allgemeinen auseinander. Alle diese Themenbereiche berührten sie so stark, daß sie nach etwas suchte, wo sie all ihren Gedanken und Emotionen freien Lauf lassen konnte.

Diese Erfüllung fand sie im Schreiben – in der Lyrik – und in der Fotografie.

Bei einer Ausstellung und bei Lesungen ihrer Gedichte fand sie eine weitere Ausdrucksmöglichkeit – die Malerei.

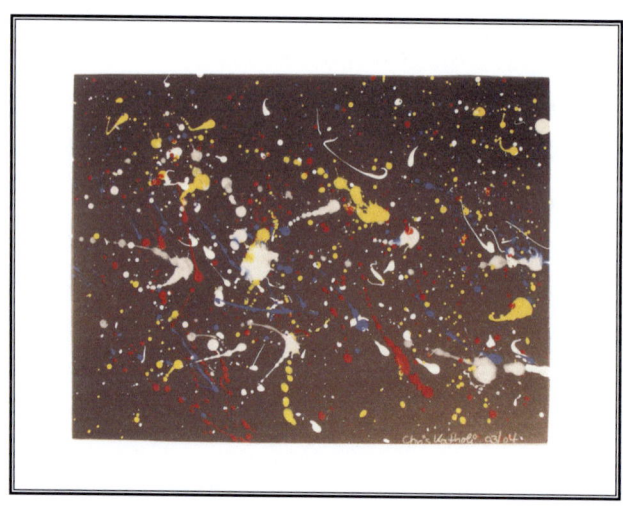

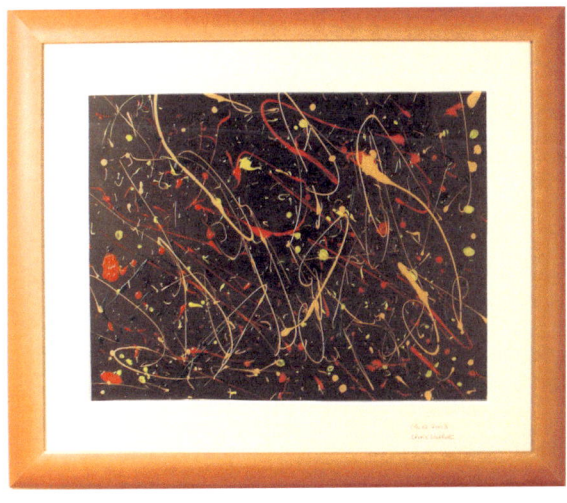

In einem gemeinsamen künstlerischen Projekt vereinigten die Autorin Chris Katholi und die Künstlerin Ester Nehlich Lyrik und Malerei zu drei sehr ausdrucksstarken Kunstwerken. Harmonisch verschmelzen erzählte Poesie und gefühlvolle Malkunst in diesen Bildern miteinander.

Balsam

So ein warmherziger,
lieber Mensch wie du,
der so viel Fröhlichkeit,
Güte und Wärme ausstrahlt.

So ein Mensch,
ist der bunte Regenbogen im Frühling,
ist der kühle Schatten im Sommer,
ist der Sonnenaufgang im Herbst,
ist die Sonne an einem kalten Wintertag;

oder ganz einfach :

Balsam auf meiner Seele.

Frühjahr 1983 Chris Katholi

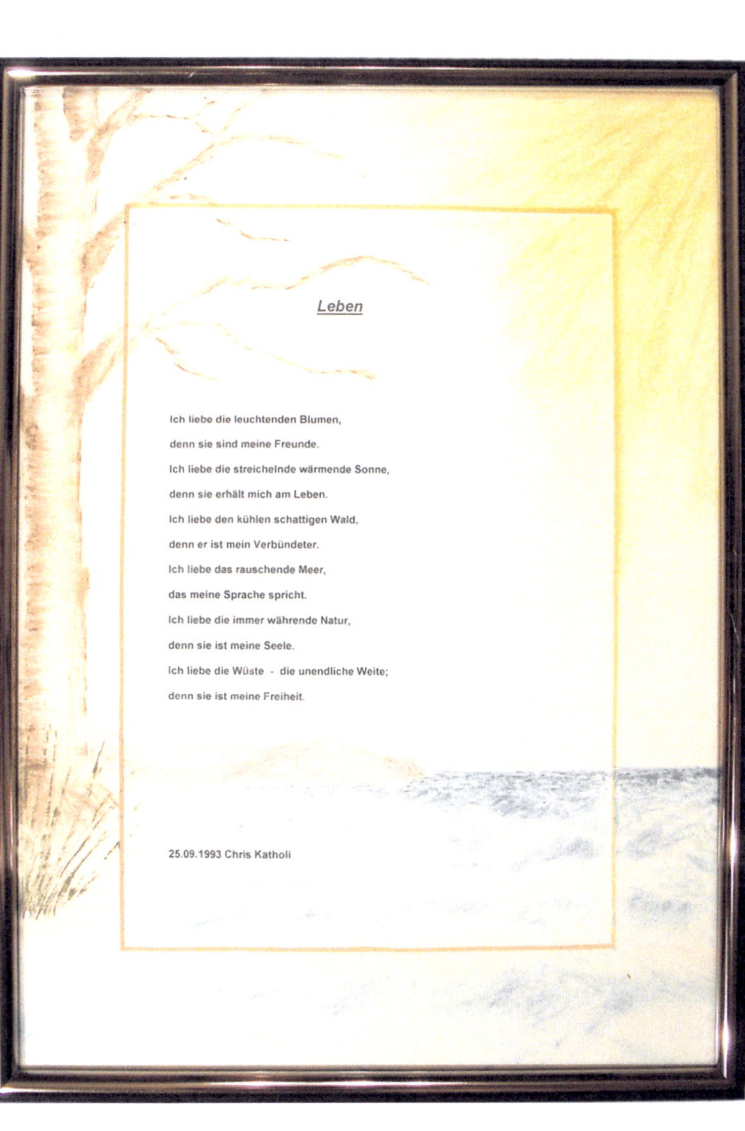

Leben

Ich liebe die leuchtenden Blumen,

denn sie sind meine Freunde.

Ich liebe die streichelnde wärmende Sonne,

denn sie erhält mich am Leben.

Ich liebe den kühlen schattigen Wald,

denn er ist mein Verbündeter.

Ich liebe das rauschende Meer,

das meine Sprache spricht.

Ich liebe die immer während Natur,

denn sie ist meine Seele.

Ich liebe die Wüste - die unendliche Weite;

denn sie ist meine Freiheit.

25.09.1993 Chris Katholi

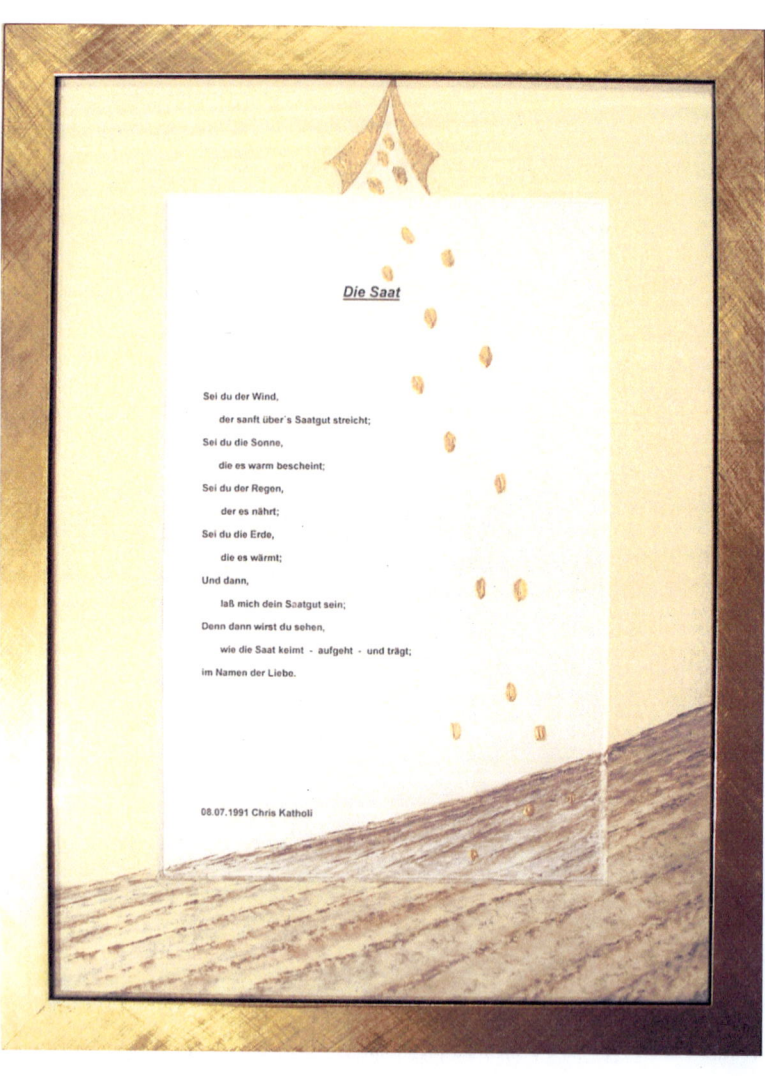

Die Saat

Sei du der Wind,

    der sanft über´s Saatgut streicht;

Sei du die Sonne,

    die es warm bescheint;

Sei du der Regen,

    der es nährt;

Sei du die Erde,

    die es wärmt;

Und dann,

    laß mich dein Saatgut sein;

Denn dann wirst du sehen,

    wie die Saat keimt - aufgeht - und trägt;

im Namen der Liebe.

08.07.1991 Chris Katholi